Ce que dissimule le manteau sanglant et hypocrite du pontife de Rome!

Des débauchés, des dégénérés et des sensuels, des assassins sadiques à la César Borgia, des intrigants épris de pouvoir comme Sixte VI, des noceurs raffinés pour lesquels l'assassinat et le pillage n'étaient qu'un tremplin pour arriver à un luxe insolent monté d'après les caprices les plus fantaisistes d'un Léon X, tels sont ceux qui ont déterminé la physionomie morale (« morale! ») de la papauté! Et voilà que l'honorable Pie XI vient nous enseigner la morale, qu'il intervient comme défenseur de la moralité piétinée par les bolchéviks!

N. BOUKHARINE

Prix : 0 fr. 50

Qu'est-ce que le plan quinquennal ? 0 75

N. BYKHOVSKY. — *Les Assurances sociales* 1 25

CHAUVEL, GUERBOIS, LE BIGOT. — *Ce que nous avons vu en Russie* .... 2 »

DÉLÉGATION DES TRANSPORTS. — *En Russie soviétique (Compte rendu).* .... 2 »

M. GEGETSCHKORI. — *Les employés de l'U.R.S.S.* 2 »

GRANDJOUAN. — *La Russie vivante* .... 5 »

GUIBOUD-RIBAUD. — *Où va la Russie ?* .... 5 »

F. HECKER. — *La religion au pays des Soviets* .... 12 »

Guide complet à travers l'Union soviétique .... 90 »

M. I. KALININE. — *Que fait le Pouvoir soviétique pour réaliser la démocratie ?* .... 1 »

S. KAPLOUN. — *La protection du travail* 1 50

Révélations sur un complot contre le Pouvoir soviétique 2 »

La vérité sur les « persécutions » religieuses en U.R.S.S. .... 3 »

MOLOTOV. — *L'édification du socialisme et les malaises de croissance* .... 3 »

SCHUMACHER. — *Un monde nouveau (Deux mois en Russie* 1 25

Le paysan russe avant et après la Révolution 2 50

M. FAUSSECAVE. — *La femme dans la société capitaliste.* 0 60

Les femmes travailleuses en France et en Russie 0 75

Ce que dissimule le manteau sanglant et hypocrite du pontife de Rome!

> *Des débauchés, des dégénérés et des sensuels, des assassins analogues à la César Borgia, des intrigants épris de pouvoir comme Sixte VI, des noceurs raffinés pour lesquels l'assassinat et le pillage n'étaient qu'un tremplin pour arriver à un luxe inouï monté d'après les caprices les plus fantaisistes d'un Léon X, tels sont ceux qui ont déterminé la physionomie morale (« morale ! ») de la papauté ! Et voilà que l'honorable Pie XI vient nous enseigner la morale, qu'il intervient comme défenseur de la moralité piétinée par les bolchévistes !*

N. BOUKHARINE

Le capital financier
drapé dans le manteau papal

Voilà la treizième année que les masses laborieuses du pays des Soviets, l'avant-garde ouvrière en première ligne de bataille, luttent pour la protection des frontières rouges et pour la construction de la vie nouvelle. Dans la dure période de transition que traverse actuellement l'armée héroïque du prolétariat tendant à l'extrême ses efforts, les masses des villes et des campagnes font des sacrifices immenses : les derniers kopecks sont affectés à un travail fiévreux, intense de construction, des efforts incroyables sont déployés pour bâtir, en béton armé, sur les siècles passés, le fondement le plus sûr pour l'édifice géant, inébranlable, du communisme ; les hommes qui ont secoué le pouvoir de la grande propriété foncière et celui du Capital, préfèrent souffrir durement, donner *aujourd'hui* toute la sève précieuse de leur vie, pour refondre toute l'économie jusque dans ses profondeurs, pour substituer à la technique caduque, en bois, en cuir, rouillée, un magnifique système métallique de machines, grâce auquel il sera possible, *demain*, de travailler plus *facilement*, de produire immensément *plus*, de vivre *mieux*, plus proprement, plus intelligemment et plus rationnellement.

Et, maintenant précisément que les *masses laborieuses* surmontent par de grands efforts, par la tension de tous leurs muscles, les difficultés du présent pour construire l'avenir, maintenant que les masses — en dépit d'échecs et de revers partiels — ont déjà fait de grands progrès dans le travail qui absorbe tout, la bacchanale effrénée des ennemis de l'étranger recommence. Cardinaux romains et faux-monnayeurs géorgiens, généraux des différents états-majors et prêtres des différents dieux et Eglises, lords britanniques et usuriers français, grasses bedaines américaines et évêques de l'Eglise anglicane, sénateurs de Washington et ducs suédois, professeurs et cocottes, sicaires de la police et jusqu'au Saint Père de Rome en personne, le représentant des apôtres et de Dieu, le prince infaillible de l'Eglise, tous prêchent « *la vraie croisade spirituelle de la civilisation contre la barbarie* », comme s'exprime hypocritement, gloussant d'une joie bestiale, le journal des égorgeurs fascistes, le *Popolo di Roma*. Il sied vraiment bien aux fascistes de se donner une telle noble pose!

Toute cette danse effrénée de la contre-révolution, ce hurlement cannibale de toutes les hyènes occidentales et cléricales accompagné du cliquetis des sabres, des éperons et des encensoirs, est une préparation « morale » de l'offensive contre l'Union soviétique.

Allez-y, princes, rois et lords, envahissez la terre bolchévik ! Faites rouler le métal sonore, banquiers et industriels débrouillards ! Préparez la dynamite, vous les maîtres des usines de guerre !

Les faux-monnayeurs en danger ; Le naphte en danger! Les marchés en danger ! La propriété capitaliste en danger! Dieu en danger!!!

Très honorables dames et messieurs, sirs et gentlemen, vos hurlements ne nous font pas peur. Mais, ne nous en voulez pas, si, devant les masses populaires, nous démasquons votre véritable figure et si nous leur faisons entendre le grincement sinistre de vos canines. Vous ne voulez pas ôter les masques agréables de vos figures bien moins agréables? Ne vous mettez donc pas en colère si nous vous les arrachons et si, par endroits (là où le masque est collé), votre peau soignée en est quelque peu endommagée.

Dans son n° 33, du 10 février 1930, la feuille de chou qui s'intitule *Revue de Riga* qualifie le message de saint Pie, ce document sot et bavard mais bien belliqueux, de « *grande offensive* attendue depuis longtemps de *l'Eglise catholique* contre le bolchévisme impie et contre la Russie bolchéviste ». L'attaque fut déclenchée comme offensive générale sur tout le front, précisément par cette déclaration de guerre, bien que la main tremblante du belliqueux souverain pontife soit dirigée par des forces bien plus puissantes que celles de la rareté archéologique qui vit encore à Rome. Le Père très-chrétien est, remarquez-le bien, terriblement affligé des « persécutions religieuses » en Union soviétique. Il rappelle que, déjà en 1922, avant la conférence de Gênes, il avait proposé à toutes les puissances représentées de s'adresser par une déclaration commune, par un ultimatum, au gouvernement soviétique : reconnaissance, oui, mais *seulement* à condition de « respecter la conscience, la liberté religieuse et les biens de l'Eglise ». Ah! gémit-il, les puissances n'ont pas voulu m'écouter ! Elles ont préféré le terrestre au céleste!

Et voilà que l'heure de la vengeance a sonné. Le pape puise avec zèle dans les colonnes de la pire presse boulevardière les horreurs sanglantes inventées par les plumitifs et dont le troupeau des bourgeois se gave à en vomir ; il dresse le bilan des prêtres martyrisés, donne la bénédiction à ses guerriers, condamne « les oppresseurs de la religion » et s'élève vraiment à des hauteurs vertigineuses de l'emphase historique. Ah, comme il s'en donne à cœur joie!

Les organisateurs de la campagne athée et du front antireligieux veulent avant tout *faire dégénérer la jeunesse* en profitant de sa naïveté et de son manque d'expérience.

Au lieu d'éduquer la jeunesse dans l'esprit de la science et de la civilisation, dans l'esprit de l'honnêteté et de la justice qui, « sans religion, ne peuvent éclore ni prospérer », ces malfaiteurs, les organisent dans des associations d'athées, sèment « la décadence morale, culturelle, voire économique », font une propagande antihumanitaire, les contaminent de toutes sortes de vices, du matérialisme néfaste, contraignent les enfants à dénoncer leur père, organisent des carnavals sacrilèges, forcent les gens à renier la religion en les privant, en cas d'opposition, de carte de pain, de logements, etc., etc.

La fantaisie du pape atteint ici un allant vraiment divin : il invente des cruautés qui vous font « dresser les cheveux », et la conclusion logique de tout ce galimatias, de cet assaut sur le papier, est l'appel suprême qui, pareil aux trompettes de l'archange apocalyptique, du chef des armées célestes, de la guerre, du juge, extermine jusqu'à la dernière trace le foyer épidémique de la peste matérialiste, le pays du monstre rouge où il n'existe plus de couronnes de princes et où même les koulaks se trouvent sur des charbons ardents.

Suivons les préceptes de la civilisation européenne et demandons, pour commencer, au citoyen le pape ses papiers d'identité.

Vos papiers, *vos papiers historiques*, monseigneur?

A l'origine de la magnificence papale qui a traversé des phases multiples, se trouve une série de falsifications crapuleuses. Sous le règne du pape Etienne II, le roi Pépin le Bref fit cadeau au souverain pontife, pour le récompenser de son aide pendant la guerre contre les Lombards, de l'« Etat de l'Eglise ». Mais, à cette occasion, fut fabriqué un faux document qui changea ce marchandage commercial et sanglant en un « cadeau de Constantin-le-Grand ». Voilà pour la *question de l'origine de la propriété territoriale du pape*. Vers le milieu du IX° siècle, surgit une foule de documents faux, parmi lesquels ce que l'on appelle les « Fausses Décrétales », qui furent propagées avec le plus grand zèle. Ces collections de décrétales falsifiées attestèrent que le pape était, ni plus ni moins le « *souverain du monde entier* ». Cette falsification crapuleuse fut démasquée comme telle. Mais, dans l'histoire de la papauté, elle, est « document sacré ». Voilà pour le *passeport historique* du citoyen le pape. Ainsi, déjà au point de départ de l'existence papale, il y a du sang et de l'ordure, la guerre et la falsification, qui souillent de leurs éclaboussures tout le développement ultérieur de cette triste institution.

La papauté et le très honorable dirigeant du Saint-Siège qui intervient aujourd'hui comme son héraut, ne possèdent pas seulement des documents de conjoncture où l'on sent les pulsations de la *vie journalière*. Les saints-pères se sont créé une vaste *théorie* scolastique qui, pareille à un étau, serre dans ses bras de fer rouillé les cerveaux malheureux de tous les serviteurs de l'Eglise catholique. Cette théorie fut déjà formulée dès la fin du XIII° siècle par le fameux *Thomas d'Aquin*, l'auteur de la *Somme théologique*. Et l'encyclique du pape Léon XIII, du 4 août 1879, décrétait encore *obligatoire* l'étude des œuvres de Thomas pour les fonctionnaires du culte. C'est le *programme* théorique le plus parfait de la papauté.

Or, que trouvons-nous dans cette docte *Somme* quant à la tolérance, la liberté de conscience et autres bonnes choses dont s'arme maintenant Pie-le-Courageux. « *L'hérésie est un péché pour lequel le coupable doit non seulement être excommunié, mais éloigné de ce monde par la mort.* » Tel est le commandement suprême de la papauté. Evidemment, les tentacules de la pieuvre papale ne sont aujourd'hui plus aussi longs qu'autrefois. Mais si, maintenant, ce vampire desséché essaye de se refaire les griffes, s'il s'appuie sur les forces encore bien plus puissantes des assassins d'âmes impérialistes, s'il se métamorphose en tolérance, il nous faut lui *rappeler* son commandement de bourreau : l'hérétique (donc celui qui n'est pas un esclave du pape) doit « *être éloigné de ce monde par la mort.* »

D'ailleurs, également ici, « l'acte » a précédé le « verbe ». Le pape Pie XI a perdu apparemment toute sa mémoire, puisqu'il commence à bavarder sur « la théorie et la pratique » du saint-siège. Il faut vraiment être un coquin fieffé, un véritable tartufe pour intervenir avec des messages mielleux, mais en même temps calomniateurs, de l'espèce de la dernière élucubration du pape, quand on sent peser sur soi le fardeau de crimes inouïs : car, le craquement des os, l'odeur de la chair grillée, la puanteur et l'épaisse fumée des bûchers, le gémissement des torturés, *ne clameront-ils pas leurs plaintes au ciel jusqu'à la consommation des siècles!* Les papes avec leur Inquisition, leurs jésuites, leurs « croisades », leur sauvage extermination d'« hérétiques », avec leur avidité, leur débauche, leur vénalité, et leurs intrigues *ne sauront esquiver le tribunal impartial de l'Histoire !*

Très Saint Père et Souverain Pontife ! Vous ne vous rappelez donc pas la décision de votre *Concile de Reims* (1157) qui prescrit, de la façon la plus « humaine », la « plus tolérante », la « plus chrétienne » et pleinement « respectueuse de la liberté de conscience », de marquer au *fer rouge* le visage des hérétiques? Ne vous rappelez-vous pas une décision identique de votre saint-concile d'*Oxford* de 1166? Ne vous rappelez-vous pas les résolutions du concile du *Latran* de 1178, lorsque (en 1181) une « croisade » fut proclamée contre tous les « ennemis de l'Eglise », et que, pour l'extermination en grand nombre des hérétiques, une bulle papale accorda d'avance pour tous les péchés une indulgence de deux années?

Ne vous souvenez-vous plus des « établissements » de *saint Louis* (1270) dont l'un des articles condamne les « hérétiques » à être brûlés vifs? Vous souvenez-vous de la législation de l'empereur *Frédéric II* (ordonnances des années 1220 à 1239), fondée sur les décisions du concile du *Latran*, législation qui met les hérétiques hors la loi, qui condamne à la damnation éternelle les « aides », « défenseurs » et « avocats » des hérétiques, soumet leurs propriétés à la confiscation et livre leurs maisons à la destruction? Ne vous souvenez-vous pas de la décision du concile de *Narbonne* (1229) et du concile d'*Albi*, d'après laquelle tous les garçons de plus de 14 ans et toutes les jeunes filles de plus de 12 ans devaient *dénoncer* tout le monde ? (D'où, Saint-père, vos dénigrements calomniateurs du pays soviétique et de notre jeunesse!)

Avez-vous oublié, vieillard hypocrite, les décisions du concile de *Narbonne* (1244), aux termes desquelles chaque juge temporel, s'il hésitait à exécuter un hérétique, devait subir lui-même la peine capitale?

Ne vous rappelez-vous pas les décisions du concile de *Constance* (1418) qui fit brûler Jean Huss et qui décréta que tous les hussites devaient être « condamnés au feu », c'est-à-dire brûlés vifs sur les bûchers?

L'Eglise catholique a sévi dans presque toute l'Europe par le fer et le feu. Elle a, de plus, pareille à une sauterelle vorace, étendu ses pattes sur le monde entier, elle a été l'instigatrice des bestialités dans les colonies, elle a sévi comme assassin des peuples, et cela d'une manière d'autant plus ignoble qu'elle a couvert les orgies sanglantes du capital commercial du manteau de « l'amour et de la miséricorde ».

Mais d'où vient cet esprit belliqueux ? C'est très facile à expliquer. Les saints pères ont combattu les hérétiques par le fer et le feu parce que — comme le dit un historien très modéré de l'Inquisition, qui n'est nullement un bolchévik mais un pieux libraire américain, *G. Ch. Lee* — « à de rares exceptions près, les classes dirigeantes *n'étaient pour rien dans la naissance des hérésies* ». Les hérétiques, c'étaient les couches les plus pauvres de la société : les paysans, les artisans, les compagnons, les déshérités. Leurs meilleurs, leurs plus courageux et plus nobles représentants, qui s'approchèrent même très souvent des idées communistes, montèrent courageusement sur les bûchers. Leur mort héroïque éclairera la vraie humanité tel un phare brillant.

Mais les chacals papaux, à commencer par les petits goujats de l'Inquisition, les mouchards, les messagers, les dénonciateurs, les « bravi », jusqu'aux « grands inquisiteurs » et « généraux » de l'Ordre des jésuites, jusqu'aux évêques et papes eux-mêmes, continueront à vivre dans le cœur de l'humanité comme souvenir nauséabond des cruautés de la barbarie historique. Ce n'est pas sans raison qu'on appelait l'une des plus grandes sectes des hérétiques, les « purs », les « bonnes gens », et, par contre, les sicaires papaux de tous les grades, les « chasseurs des purs ».

La « *Sainte Inquisition* », dont le nom est devenu une in-

sulte odieuse, cet instrument puissant aux mains des papes, qui
a élaboré un système raffiné de tortures morales et physiques,
« l'épreuve de l'eau, l'écartèlement, les bûchers, la suspen-
sion au cou de la victime d'un sac rempli de poudre (perfec-
tionnement technique appliqué après la découverte de la poudre!), c'est-à-dire la combinaison du bûcher avec le faire-sau-
ter-en-l'air; les instruments de tortures en fer, en acier et en
bois, qu'il fallait pour ces ignominies, — quelle émanation lu-
gubre et sanglante n'exhalent-ils pas tous ces actes honorables
des vénérables pères de l'Eglise!

Et voilà que le pape se pose en champion de la « liberté
de conscience ». Il verse des larmes de crocodile sur des
cruautés inexistantes en « Russie », alors que chaque pavé de
Rome, alors que les campagnes et les villes de France, d'Es-
pagne, d'Italie, d'Allemagne et de plusieurs autres pays sont
arrosés du sang qu'ont fait verser les papes, noircis de la fumée épaisse des bûchers, salis des exsudations vénéneuses sé-
crétées par l'Eglise catholique, à ses moments de malaise moral!
Et sans rougir le moins du monde, il ose intervenir en faveur
de la « culture et de la civilisation », en faveur de la science,
lui, le pape, le souverain pontife, idolâtre de cette organisation
qui a fait brûler Giordano Bruno, qui a torturé Campanella, qui
a maintenu sous verrous le grand Galilée et qui a égorgé tout
ce qui s'opposait à la domination de Rome !

L'Ordre des jésuites, cette cohorte d'hommes élus de
« l'Eglise militante » est, après l'Inquisition, l'instrument le
plus important de la politique papale. Cet ordre s'est glissé
partout, dans les gouvernements et jusque dans les écoles. Pendant un certain temps, son pouvoir se faisait sentir dans les
coulisses de tous les pays. Et aujourd'hui, le nom de « jésuite »
n'est-il pas devenu une insulte, un outrage, un terme de *mé-
pris*? L'historien *J. Bœhmer*, très favorable au jésuitisme, met
à nu l'essence sociale de cet Ordre en écrivant :

> Ses rangs commencent à se compléter presque exclusivement des
> couches de l'aristocratie du pouvoir, de la richesse et du monde
> cultivé. Il va de soi que, comprenant l'élite de la société, l'Ordre est
> largement subventionné... Le peuple ne le désire nulle part, bien que
> partout où l'Ordre a déjà pris racine, le peuple admette qu'il le
> secourt.

Ce « secours » consista fréquemment en ce que les fils
du peuple furent passé à la roue, eurent bras et jambes arra-
chés. Ces « éléments élus » de la société, cette « aristocratie du
pouvoir, de la richesse et du monde cultivé » avaient à régler
le compte de la « populace » !

Mais si, « en dehors », la « compagnie de Jésus, a tenu
le pas à la « Sainte-Inquisition », en ce sens qu'en brûlant les
« hérétiques » sur les bûchers, elle a tenu à marquer les limites
de sa tolérance religieuse, à *l'intérieur* de l'Ordre, ses *théoriciens*, et avant tout son fondateur, *Ignace de Loyola*, ont « ap-
profondi » cette question à l'extrême. *Ils ont érigé la pire pros-*

titution idéologique, la plus vile *adulation sans principe, en principe idéologique*. Ils ont bâti une organisation dont les membres estimaient le reniement de leur propre conviction comme vertu suprême et, permettez l'expression, comme leur devoir moral suprême.

Il a été dit avec juste raison qu'il n'existe au monde aucune scélératesse qui n'ait cherché à se justifier idéologiquement.

Ignace de Loyola, le roi des jésuites, a développé toute une théorie de la subordination de la « discipline du travail » ; chaque membre de l'Ordre doit obéir à ses supérieurs, « *comme un cadavre, que l'on peut tourner de tous côtés*, comme un roseau qui obéit au moindre mouvement, comme une boule de cire que l'on peut modifier dans sa forme et étirer dans tous les sens... » Ce cadavre se distingue par trois degrés de la perfection ; subordination de l'action, subordination de la volonté et subordination de la raison. Si le dernier degré est atteint, si l'homme a remplacé sa raison par l'obéissance absolue en renonçant à ses convictions, alors nous avons devant nous un jésuite à cent pour cent. Cette métamorphose générale en cadavre, principe idéologique et organique de l'Ordre des jésuites, a créé une telle situation de fait, que même des jésuites ont été poussés à l'émeute. A la fin du xi° siècle, l'un des théoriciens de cette révolte, Mariana, écrivait dans son livre *Sur les souffrances de la compagnie de Jésus :*

La monarchie (c'est-à-dire la monarchie dans l'Ordre) ne nous corrompt pas du fait qu'elle est une monarchie, mais pour la raison qu'elle est insuffisamment limitée. Elle est un sanglier enragé qui ravage tout sur son passage.

Cependant, le sanglier enragé a continué son œuvre dévastatrice, car, au Saint-Siège, il y avait, à quelques rares exceptions près, un autre « sanglier », le chef suprême de l'Ordre des jésuites! Il n'y a donc rien d'étonnant qu'avec de tels « principes », l'imposture, la ruse, l'intrigue, le poignard, le poison, la félonie, un système raffiné de mensonges qualifié de casuistique, les tortures sadiques lors des interrogatoires, la perfidie, tous les vices sans exception, aient fleuri abondamment dans les vignes du Seigneur.

Et cette prostitution intellectuelle, cette idéologie d'eunuques et de pédérastes félons, cette ordure, vous, très saint Pie, vous qualifiez cela de « civilisation » !

Ainsi, les bolchéviks corrompent la jeunesse en combattant la conception que le vin se change en sang de Dieu, si on le boit dans des calices d'or en avalant la chair de Dieu, obtenue, de la même façon, du pain ordinaire.

Ces bolchéviks combattent la science, quand ils préfèrent au mystère de la transformation du pain et du vin en chair et en sang, le système périodique de Mendéléiev ou la théorie des électrons.

Les papes et les inquisiteurs de Rome se sont-ils beaucoup

souciés de la science en brûlant vif l'homme de science qu'était Bruno !

Les bolchéviks empoisonnent la jeunesse quand ils la mènent dans la lutte contre la superstition moyenâgeuse. Mais les papes et jésuites romains « éduquent » la jeunesse, en en faisant des *cadavres* et en lui enseignant la doctrine sur *l'infaillibilité* du dalaïlama de Rome! N'en est-il pas ainsi, vieillard béni? N'en est-il pas ainsi, ô momie assise sur le trône, ô pourriture de notre époque qui infecte encore le monde de son haleine empoisonnée, nauséabonde.

Les bolchéviks enseignent le péché à la jeunesse ! Et le « péché mortel » est le *matérialisme*, l'honnêteté et la justice ne pouvant pas prospérer sans religion, ainsi que l'affirme le message du pape. Nous avons déjà vu ce que valent « l'honnêteté » et la « justice » de la curie papale. Et, c'est en vain que Pie XI nous parle de péchés.

Car, il n'y a dans l'histoire pas d'« histoire » plus pécheresse que l'« histoire » des honorables pasteurs de Rome. A ce sujet, vous ne demandez pas justice : mais à vous, accusateur public, on *rendra cent fois justice*.

Commençons par quelques dogmes généraux de la *théorie* papale. Du point de vue de l'honnêteté, il y en a une qui est vraiment charmante : la doctrine du « trésor des bonnes œuvres, un trésor dont la clé est aux mains du pape. Le pape possède donc un compte-courant : il estime la somme totale des « bonnes œuvres » en or, et lui oppose les péchés du troupeau, estimés également en or mais munis du signe *moins*. Si le pécheur veut annuler ses péchés, il paye au pape une indemnité de tant ou tant de pièces d'or. A ce prix, le pape lui livre une quantité correspondante de « bonnes œuvres du trésor » capable d'annuler les péchés du criminel.

Cette transaction commerciale, où les bonnes œuvres de Jésus-Christ sont pesées sur la balance de l'usurier avide et où le pape joue le rôle d'un commerçant entreprenant en bonnes œuvres, est la méthode largement pratiquée des *indulgences*, des documents accordant la rémission des péchés. Les vendeurs et les agents du pape ont fait le commerce de ces documents. Des comptoirs centraux et locaux, des commis-voyageurs, un commerce odieux, des indulgences de deuxième qualité, des indulgences fausses, l'agiotage, n'est-ce pas là le plus repoussant des spectacles, et n'est-ce pas là une œuvre des mains sales *du pape?* Les bonnes œuvres du Christ furent vendues. Les riches se rachetèrent de leurs péchés. Les archevêchés furent vendus, et on alla jusqu'à vendre les « secrets », jusqu'au plus mystique, jusqu'au « plus saint », du culte chrétien.

Ignorez-vous, ô très saint, l'institution de l'« oblation », cette indemnité sans laquelle le croyant ne pouvait pas recevoir pendant un certain temps la sainte communion ? Ne connaissez-vous pas les paroles de *Pierre Cantor* disant que les prêtres sont pires que Judas Iscariote qui a vendu le corps de

Jésus-Christ pour 30 deniers, alors que les prêtres « le vendent 30 fois par jour pour un seul denier » ? Auriez-vous oublié la simonie (trafic des choses saintes), auriez-vous oublié le népotisme en vertu duquel les papes nommaient évêques leurs parents et leurs pages, cette crème des rues, pour la seule raison que ces gens étaient l'objet de leurs vils désirs ?

Ignorez-vous que précisément la *Rome papale* fut l'un des foyers principaux de la *prostitution* et que, par exemple, la statistique de l'année 1490 indique que sur 100.000 habitants il y avait environ 7.000 « filles publiques » ! N'est-ce pas à Avignon, à la cour des Papes, qu'est née la *courtisane*, ce type de prostituée élue des cours ? Ne disait-on pas de la cour papale d'Avignon, qu'il y existait des « académies de dames généreuses », des « dames » dont les noms sont connus des historiens ? Ne connaissez-vous pas les cocottes vénales qui satisfaisaient les besoins raffinés des papes Sixte IV et Léon X ? N'est-ce pas le saint père Paul II (1464 à 1471) qui a introduit les *bacchanales* dans les us et coutumes de la cour papale ? N'avez-vous pas entendu parler du fameux *carnaval du Latran* organisé par le pape Léon X, le 11 avril 1513, dont une seule journée revenait à 100.000 ducats, et où toutes les jouissances, tous les artifices, tous les vices, toute la sensualité, tout le luxe furent mis à la disposition du saint (ha ! ha ! ha !) prince de l'Eglise (Voir Sombart : *Luxe et capitalisme*) ?

A-t-on réfuté les vers enflammés d'un contemporain, de l'humaniste bien connu, *Ulrich de Hutten*, dans son livre *Vadiscus* ou la *Trinité romaine* :

Vadiscus ajouta: ce sont trois choses qu'on rencontre souvent à Rome, les jouissances sensuelles, les habits pompeux et l'orgueil.

Ernhold: Oui, tout cela y est en vogue, mais à Rome, on ne s'adonne pas seulement aux plaisirs charnels, on s'attache aussi à les varier et l'on invente même des façons étranges, voire monstrueuses de la jouissance, de sorte que les orgies de l'antiquité ne sont rien en comparaison. En tout cas, on méprise, vraiment par principe, les simples joies sensuelles qui s'accordent avec la nature, en les qualifiant de *grossières, de paysannes*. C'est pourquoi, à Rome, les jouissances sont d'une nature telle que *nous avons honte d'en parler.*

Vadiscus : C'est pourquoi aussi, trois choses existent en surabondance à Rome : antiquités, poison et ruine. A quoi j'ai ajouté: trois choses ont été bannies de là: la simplicité, la modération et l'innocence. Enfin il y a les triades: A Rome, on trafique de trois choses: du Christ, des lieux sacrés et des femmes... A Rome, trois choses sont particulièrement appréciées: la beauté des femmes, les chevaux magnifiques et les documents du pape.

Et plus loin :

Hutten: Trois choses préoccupent les oisifs de Rome: flâner, faire des cochonneries et se saoûler.

Ernhold : Oui, là on ne fait pas autre chose, car ceux qui semblent ne pas être oisifs, trompent, mentent, parjurent, trahissent, pillent, volent, séduisent et commettent l'adultère en réfléchissant, en écrivant, en flattant, en briguant, en implorant.

Voici encore ce qu'il dit sur les *papes eux-mêmes :*

S'ils [les papes] tuent les âmes, de quel droit s'appellent-ils encore les successeurs de Jésus-Christ? En quoi consiste la similitude de leurs institutions? Jésus a dit jadis, tourné vers Pierre: « Garde mes brebis ». Mais que font les papes? Ne conduisent-ils pas les chrétiens, *dépouillés par la spoliation papale, à la famine, n'écorchent-ils pas en permanence et ne coupent-ils pas continuellement, lors de la tonte, dans la chair de leur troupeau?*

Enfin, une caractéristique générale de l'Eglise papale :

Nul doute que l'Eglise se compose de voleurs, d'hypocrites, de mystificateurs, de notaires, d'évêques qui se sont rendus coupables de simonie, de vils adulateurs du souverain pontife à Rome, et, au surplus, exclusivement de gens pareils... C'est pourquoi, ils [les papes] ne renoncent pas, tel Pierre, au pouvoir temporel, mais font les guerres par mer et par terre pour des empires et le pouvoir, excitent les sujets contre leurs maîtres, versent du sang et instillent le poison.

Telle est la figure véritable, réelle, du saint-siège. Mais ce tableau n'épuise nullement toute la physionomie morale et politique du pape.

Les papes furent avant tout des conquérants avides et sanglants, qui ne reculaient devant aucun moyen pour étrangler leurs ennemis et ceux qui n'étaient qu'à moitié leurs amis. *L'histoire de la papauté est l'histoire de guerres interminables,* de conspirations, de faux diplomatiques, de trahisons et de félonies, d'assassinats secrets et de brigandages innombrables. Ce baron, prince, empereur féodal aspirait à arrondir de plus en plus ses terres et les « mots d'ordre sacrés » de la lutte pour le christianisme, de la lutte contre les hérétiques, de la lutte pour la vérité, etc..., ne furent qu'un *paravent* ignoble de buts très terre à terre. Les prétentions grandissantes des papes, le développement de leurs tentacules fut accompagné de la création simultanée de nouvelles théories qui, « très chrétiennement », confirmèrent l'expansionnisme de plus en plus rapace du pouvoir du souverain pontife de Rome.

La lutte contre l'hérésie fut accompagnée de confiscations au profit du pape. La lutte contre les « ennemis de l'Eglise » arrondissait d'une manière continue les possessions du pape. La lutte contre les princes en révolte, contre l'avidité insatiable du saint-siège agrandissait, en cas de victoire, les possessions territoriales du pape. La lutte pour la « terre sainte », la lutte pour la conquête des colonies (sous le mot d'ordre de la lutte pour le christianisme) élargissaient le domaine fiscal du pape, et tout cela était basé sur la doctrine de la position particulièrement privilégiée du saint-père à Rome. Pillages, guerres, spoliations devinrent pour eux le monde lucratif béni de Dieu, ce qui était d'autant plus facile que les clés du trésor où est enfermé cette bénédiction se trouvent précisément aux mains du saint-père.

Déjà *Grégoire VII.* (1073 à 1085) établit la thèse selon laquelle le pape est le maitre du monde entier et il mit cette thèse en pratique en obligeant Henri IV, par une excommunication préalable, à venir faire amende honorable à Canossa. *Innocent iII* (1198 à 1216) concrétisait la thèse de Grégoire VII, en exprimant l'expansionnisme du pape dans la formule : les maitres temporels ne sont que les vassaux du pape, alors que le Pape, s'il n'est pas au-dessus de notre Seigneur Jésus-Christ, est en tout cas au-dessus du genre humain. *Boniface VIII* déclara que le pape devait tenir dans ses mains, non seulement le glaive spirituel, mais aussi le *glaive temporel*, c'est-à-dire qu'il érigea en « principe » la méthode de la guerre comme méthode de l'intervention chrétienne.

Si le pape Innocent III avait affirmé que l'élection de l'empereur devait dépendre « en principe et définitivement » de la curie romaine, le pape fut placé *au-dessus de tous les conciles généraux* par le concile de Trente (1563) et, le 19 juillet 1870, à la veille de la Commune de Paris, au seuil du xx⁰ siècle, au moment de la marche triomphante des sciences naturelles, fut proclamé le dogme de l'*infaillibilité* du pape ! Ce « dogme » fut accepté à un moment ou les tentacules du pape avaient déjà été raccourcis des trois quarts; néanmoins, les *velléités rapaces* de ces vieillards sont caractéristiques !

Il faut qu'on le rappelle : eux, les oints du Seigneur et de la paix, se métamorphosent en *bêtes fauves*, aussitôt que la situation historique leur permet d'allonger leurs griffes. L'archevêque *Pierre de Blois* (xiii⁰ siècle) dépeignait les juges épiscopaux comme des « vipères qui dépassent en férocité les serpents et les basilics ». Hildebert du Mans (voir *Lee*) déclarait à propos des souverains pontifes :

> Ils ont la compréhension d'une pierre, le jugement d'une poutre. Ils sont inflammables comme le feu, rusés comme un renard, fiers comme un taureau et voraces comme un minotaure.

Les papes avides, extrêmement épris du pouvoir et de la gloire, menaient des guerres incessantes non pas seulement contre les ennemis extérieurs et les hérétiques, mais aussi contre leurs propres vassaux, les archevêques. Bien plus, il y eut dans l'histoire des périodes où il exista simultanément plusieurs papes qui se combattaient réciproquement par le fer et le feu et avec le plus grand acharnement. C'est ainsi qu'à la fin du xiv⁰ siècle, un pape fut élu à Rome (Urbain IV), alors qu'un autre résidait à Avignon (Clément VI). Par la suite, la papauté vécut pendant un bon moment en état de scission. En 1409, le concile de Pise déposa les deux papes (Grégoire XIII et Benoît XIII et en élut un troisième (Alexandre V) dont le successeur devint Jean XXIII. Le concile de Constance déposa les trois papes et élut Martin V. Ces querelles odieuses et marchandages monstrueux dans les coulisses, aboutirent même à ce qu'un beau jour une femme rusée devint pape.

Parmi les papes, il n'y avait pas seulement de simples criminels. Il y avait parmi eux de véritables maîtres dans l'art des trafics sanglants les plus répugnants, des virtuoses de l'assassinat traîtreux, de la félonie et du crime. Sixte IV (1471-1484) trompa ses alliés, participa à des assassinats, fomenta des guerres, excommunia ses ennemis et les fit exécuter après les avoir poursuivis d'une fureur sauvage. Sous le règne de son successeur, Alexandre IV et, plus tard, César Borgia, fils d'Alexandre, terrorisa tout le monde. Il fut, comme l'écrit l'historien de la papauté, *Ranke,*

sensuel et éclaboussé de sang. Rome tremblait en entendant son nom. César Borgia avait toujours besoin d'argent et avait beaucoup d'ennemis. Presque chaque nuit, on trouvait à Rome des assassinés. On avait peur de sortir; pas un homme qui ne tremblât de crainte d'y passer à son tour. Quiconque ne pouvait être liquidé de force était empoisonné. Lors de chaque cas de mort franchement violente, on supposait immédiatement que le pape avait trempé dans l'empoisonnement.

César Borgia tua son frère et jeta son cadavre dans le Tibre. Il assassina son beau-frère. Il tua le mignon de son père qui, s'étant caché dans le manteau de celui-ci, fut déchiqueté par lui devant les yeux d'Alexandre. Pas un crime où César Borgia n'ait battu tous les records.

Et une telle brute, un tel monstre, qui aurait mérité d'être enfermé dans une cage de fer et promené comme une bête fauve devant les yeux du monde entier, fait partie des glorieux prédécesseurs de Pie XI !

Des débauchés, des dégénérés et des sensuels, des assassins sadiques à la César Borgia, des intrigants épris de pouvoir du type Sixte VI, de. noceurs raffinés pour lesquels l'assassinat et le pillage n'étaient qu'un tremplin pour arriver à un luxe inouï monté d'après les caprices les plus fantaisistes d'un Léon X, tels sont ceux qui ont déterminé la physionomie *morale* (« morale ! ») de la papauté ! Et voilà que l'honorable Pie XI vient nous enseigner la morale, qu'il intervient comme défenseur de la moralité piétinée par les bolchéviks !

Oui, nous piétinons la « moralité » des papes. Notre Jeunesse, et avant tout ses détachements prolétariens, fera tout son possible pour que la terre ne produise *plus jamais* et *nulle part*, des monstres aussi venimeux que les Sixte, Léon, César et Alexandre. La « moralité » des sadiques, la « moralité » de ces sauvages étrangleurs, la « moralité » des inquisiteurs, la « moralité » des jésuites, la « moralité » des érotomanes qui ont déifié la « Vierge Marie », la « moralité » des casuistes huileux, des usuriers avides, oh ! qu'elle soit trois fois maudite, « cette moralité » !

C'est la « moralité » d'esclavagistes furieux, dé « mercantis enragés » qui ne reculent devant rien quand il s'agit de défendre « leurs » biens (volés), de défendre le vieux monde qui sue sang et boue par tous les pores, de s'attaquer au nou-

veau de quelque nature qu'il soit, de .dépouiller les opprimés,
de persécuter et de s'acharner inhumainement sur les forces
vives de l'humanité.

Messieurs les papes ont joué un grand jeu, *un jeu à l'échelle
mondiale!* Leurs agents, leurs pères jésuites, leurs missionnai-
res, leurs ambassadeurs ont mis le nez partout : ils ont accompagné les campagnes de brigandage des pillards espagnols et
portugais en Amérique et aux Indes ; ils se sont rendus en
Afrique et en Chine et ont préparé l'esclavage des colonies ; ils
se sont servis de toutes les méthodes ; ils ont pris la part la
plus directe aux massacres ; ils ont brûlé et massacré des vil-
lages entiers de « païens » ; ils se sont fait passer eux-mêmes
comme des « semi-païens » (par exemple, comme brahmanes
aux Indes) pour gagner la confiance des mécréants (la querelle
dite des « coutumes chinoises » et « malabares »), ils ont menti
et simulé, ils ont organisé des croisades et des expéditions commerciales de brigandages en récoltant la haine des indigènes
et la syphilis qui a fait pourrir, en premier lieu, quelques géné-
rations de papes.

Dans les vieux écrits de *Balthazar Sprenger*, l'agent de la
vieille maison commerciale mondiale « Welzer » d'Augsbourg,
qui participa à l'expédition du Portugais Almeida (1505), nous
trouvons une description colorée du rôle et de la fonction du
christianisme papal :

Le 13 août, nous arrivâmes au port de Monbassa... Le peuple de
ce pays nous était hostile... Mais, avec l'aide du Christ, *Notre-Sei-
gneur....*, nous les avons expulsés du fort et chassés dans la ville
même... Grâce à l'indulgence de Dieu, *beaucoup de païens tombè-
rent*, alors que, de notre côté, il n'y eut seulement que deux tués...
Après avoir établi notre ordre dans la ville et *nous être préparés au
pillage*, nous postâmes tout d'abord une sentinelle, puis le pillage
commença. Nous trouvâmes une quantité de richesse telle qu'on ne
peut tout énumérer. *Gloire, honneur et adoration éternelle à Dieu!*
Lors de la prise de la ville, il y avait en tout dix navires... Mais le
onzième arriva plus tard, dans un état lamentable. Ce bateau s'appelait *Raphaël*. Les commerçants allemands avaient en tout trois navires: Saint-Hiéronyme, Saint-Raphaël et Saint-Léonard et tous ont
participé à tous les combats et expéditions.

Voici encore un autre extrait de l'écrit de *Hans Mayr*, ré-
digé en portugais, décrivant une bataille avec les Maures :

Les portails étaient fermés; nous les avons ouverts de force,
mais toute la cour était déserte... Toute la ville fut occupée sans
aucune résistance. *Les franciscains érigèrent une croix* et l'amiral
se logea dans la maison à côté de la croix. Tout l'équipage *se mit
au pillage* des marchandises et stocks de cette ville.

La mer de sang qu'ont fait verser les saint-pères de Rome
est immense. Le pape voudrait maintenant sertir dans sa tiare
une nouvelle pierre multicolore et, à cet effet, il fait sonner
le ralliement pour une nouvelle croisade. Mais c'est en vain

qu'il hurle à la morale, la morale des papes étant monstrueuse. C'est en vain qu'il appelle au secours de la science, les papes étant les ennemis jurés de la science. C'est en vain qu'il gémit sur les « peuples », les papes étant les bourreaux des peuples.

Au seuil du xx° siècle, un des prédécesseurs les plus proches du pape actuel, Pie IX, dans sa fameuse encyclique de décembre 1864, contre les « erreurs du siècle », lança ses foudres et éclairs contre le fait que la *raison était placée au-dessus de la révélation*, condamna l'opinion que la *volonté du peuple est la loi suprême*, confirma que les personnes se trouvant en dehors du troupeau gardé par le pape *ne peuvent espérer aucun « salut »*, condamna toute démocratie, se révéla comme un tel obscurantiste, comme un tel apôtre de l'ignorance, comme un tel réactionnaire, comme un tel bourreau de la pensée, que même un Thiers exprima ses regrets sur cette encyclique dans son « Discours sur la question romaine ».

Et voilà qu'aujourd'hui un autre Pie ose intervenir pour la protection de la science ! Les tas de cadavres que vous avez sur votre conscience, vous, messieurs les papes, vous semblent probablement encore trop petits ! Vos déclarations d' « infaillibilité », vos encycliques, vos bulles, dans lesquelles vous vous dressez contre « l'orgueil de la raison », pour la « révélation », c'est-à-dire pour les anciennes fables et pour les mythes de l'antiquité, perfectionnés et complétés par les faussaires de la clientèle papale, vous sont encore peut-être trop peu ! Nous serons contre vous pour la science, pour la table de multiplication contre le dogme de la Trinité, pour la chimie contre le dogme du mystère de la Sainte-Cène, pour la biologie contre le mythe de l'Immaculée Conception, pour le darwinisme contre l'histoire stupide de la création d'Eve d'une côte d'Adam, pour la reconnaissance de votre culpabilité, pour la vérité contre l'imposture papale, pour la classe ouvrière du monde entier contre l'esclavage capitaliste, contre les défenseurs de l'esclavage, les papes.

Vos menaces sont de vains aboiements. L'histoire, l'humanité évoluent dans notre sens.

Le fait que Pie XI a contenu jadis ses passions antibolchéviks est extraordinairement caractéristique. Le mystère de ce fait fut ébruité tout récemment par le mouchard « civilisé » de l'état-major allemand, par l'éminent journaliste et collaborateur permanent du *Berliner Tageblatt*, Paul Scheffer. Voici ce qu'il écrit dans le *Berliner Tageblatt*, n° 76 du 14 février 1930 :

La forme de l'Eglise orthodoxe fut brisée par la révolution de 1917. Après une séparation millénaire, le moment de l'unification des deux grandes communautés chrétiennes semblait être venu, l'une se trouvant être apparemment sans direction !... L'espoir que l'unification deviendrait possible dans l'Etat soviétique, doit être considéré comme un motif capital de l'attitude tolérante et tenacement patiente de Pie XI vis-à-vis du régime bolchévik. Cet espoir est maintenant définitivement enterré, du moins tant que durera l'Etat soviétique.

D'où, l'attaque du pape.

Mais il ne s'agit pas seulement de cela.

Le pouvoir papal a passé par beaucoup de phases au cours de son développement. Ce pouvoir, qui fut un organisme féodal, s'est intégré au capital commercial et fut lié ensuite, par une amitié des plus étroite, aux plus grandes firmes commerciales du monde, du type de la fameuse firme des « Fugger ». Il prit directement part aux campagnes de brigandage commerciales, coloniales. La soutane catholique accompagna, avec la croix catholique, les sabreurs et massacreurs prêts à tout dans les expéditions de piraterie et d'aventures sanglantes du capital commercial. Elle intervint contre la révolution française et ses répercussions, mais Napoléon Bonaparte, qui se moquait royalement de Dieu, régla son compte au pape Pie VII. Il le fit prisonnier et l'obligea à signer les concordats qui mirent tout sens dessus dessous. Le gouvernement français se moquait alors des papes et nommait lui-même les évêques.

Les vicissitudes de l'histoire ont plus d'une fois influencé la destinée des papes. Plus d'une fois, mal leur en prit. C'est ainsi qu'en 1848, le pape Pie IX s'enfuit honteusement de Rome. Mais, après l'époque des révolutions, il rentra dans ses pénates et le saint-siège devint de nouveau un des piliers de la réaction dans toute l'Europe.

Avec la croissance du mouvement ouvrier, le pape déploya ouvertement le drapeau de la lutte contre le socialisme et contre le communisme. Déjà, en 1846, Pie IX, dans son encyclique *Qui pluribus*, s'était acharné sur les communistes et s'était attaqué en même temps à d'autres « sociétés secrètes ». Dans l'encyclique *Quanta cura*, de 1864, le pape déclara une fois de plus la guerre au commnisme, et dans ce que l'on appelle le *Syllabus*, il le maudit comme la *peste*. Dans l'encyclique du 28 décembre 1878, consacrée tout particulièrement à la « dégénérescence de notre temps », Léon XIII se dresse violemment contre le « socialisme, le communisme et le nihilisme » en intervenant par tous les moyens en faveur de la sacro-sainte propriété des capitalistes et des propriétaires fonciers. La papauté est donc l'une des principales forces que la bourgeoisie mobilise contre le prolétariat.

Ces derniers temps, l'organisation de l'Eglise catholique s'est intégrée aux organisations du capital financier. Depuis longtemps, les papes possèdent des banques, de la grande propriété foncière, des entreprises industrielles. Maintenant, même dans l'Allemagne protestante, l'industrie lourde et les banques ont établi la liaison la plus étroite avec le Vatican. En Italie même, la papauté est un très grand actionnaire des Banques et entretient, en secret, de nombreuses entreprises, parmi lesquelles des cinémas.

Le Vatican sait ce qu'il fait. Jadis, il s'était opposé par tous les moyens à l'unification nationale de l'Italie et avait fait directement la guerre aux troupes nationales révolutionnaires de Garibaldi. Maintenant, il forme un bloc avec Mussolini qui, pour le salut de la contre-révolution nationale, traite la classe ouvrière en bête de somme et veut la forcer à vivre dans une étable bien mal entretenue. L'alliance de la clique fasciste, de cette contre-révolution réactionnaire, agressive, archiantiouvrière, guerrière, avec le Vatican, est un symbole magnifique illustrant à merveille que le souverain pontife, premier stratège de l'Eglise catholique, est devenu maintenant l'un des principaux fomenteurs de la *contre-révolution internationale*.

Le pavillon du pape est le drapeau de la contre-révolution capitaliste, le drapeau de l'assujettissement de la classe ouvrière et des pauvres de tous les pays, le drapeau de la guerre contre les ouvriers et paysans de l'Union soviétique, le drapeau de nouvelles luttes sanglantes au nom du Capital.

Les peuples de l'Union soviétique sont en train de remanier de fond en comble la sixième partie du globe. Ils ont déployé d'une main hardie le drapeau des grands travaux, de la grande refonte du pays des Soviets. Ils sont fermement décidés à rénover, avec le prolétariat et sous la direction de son parti, la technique et l'économie, les formes de vie et la science, à créer une nouvelle vie pleine de lumière. Ils se sont débarrassés des grands propriétaires terriens et des capitalistes. Ils ont surmonté la peste et la famine. Ils mènent une campagne contre les anciennes formes de l'économie, créent une nouvelle industrie socialiste et transforment de fond en comble les rouages du village. Ils terrassent les préjugés séculaires et abandonnent les noires cellules de la superstition, de la croyance aux magiciens et aux sorcières pour la large route de l'édification d'une nouvelle société socialiste ou il n'y aura ni capitaliste, ni exploitation, ni pape, ni pope.

Or, c'est précisément là la raison pour laquelle la prêtraille s'arme pour une nouvelle croisade, c'est pourquoi tout le camp des esclavagistes et des voyous, des spéculateurs et des mercantis au pouvoir est en émoi.

Mais c'est aussi précisément pour cette raison que se dresse, face à l'armée du capital et de ses jésuites papistes, la grande armée des ouvriers de tous les pays, l'armée internationale des défenseurs de l'Union soviétique. Et c'est précisément pourquoi aussi, à l'appel réactionnaire du pape et de ses archevêques pour la campagne contre l'Union soviétique, les ouvriers de tous les pays opposeront l'appel révolutionnaire : A bas le capitalisme ! A bas le pape et tous ses archevêques !

Appel des Académiciens de l'U.R.S.S.

A toute l'humanité travailleuse !

L'Académie des Sciences de l'U.R.S.S., en commun avec l'Académie de l'Ukraine et de la Russie-Blanche, a lancé un appel sous le titre « Empêchez que les forces d'obscurantisme n'entravent la grande cause du socialisme en Union soviétique ». Il y est dit entre autres :

Les trois Académies des sciences de l'Union soviétique, de l'Ukraine et de la Russie-Blanche ont signé un contrat d'émulation socialiste.

Ces trois Académies, qui représentent les plus hautes institutions scientifiques de l'Union et englobent de nombreux travailleurs de la science, considèrent comme nécessaire de s'adresser aujourd'hui à l'humanité travailleuse et à tous les vrais collaborateurs de la culture. Les savants de notre pays sont prêts à consacrer toutes leurs forces, non seulement au service de la science en tant que telle, mais aussi à son application multiforme dans les différentes branches de l'édification socialiste. Les Académies expriment leur conviction profonde qu'en servant l'édification socialiste dans notre pays, elles servent aussi toute l'humanité au nom et au bénéfice de laquelle on mène en Union soviétique une lutte gigantesque et un travail formidable. Les Académies s'adressent à tous les travailleurs du monde et les invitent à empêcher que les forces obscures ne nuisent à la grande cause du socialisme dans notre pays. La haine sans cesse croissante d'une presse sans conscience, les bruits insensés concernant des persécutions religieuses dans notre pays et le mouvement du clergé occidental, les menaces des hommes politiques bourgeois, les interpellations parlementaires, tout cela oblige à penser que l'opinion publique est artificiellement dressée contre l'Union soviétique et qu'on la prépare à des actes hostiles qui pourraient aller très loin.

Les Académies des sciences élèvent contre cela leurs véhémentes protestations. Avec une énergie sans exemple, en émulation réciproque, les ouvriers et les paysans, les techniciens et les savants créent de nouveaux modes d'existence. Des centres d'énergie électrique surgissent, les trésors de la terre parviennent au jour, des gigantesques usines s'édifient, de nouvelles voies ferrées se construisent, les économies soviétiques prennent une ampleur formidable. Aucune difficulté ne semble insurmontable, aucun sacrifice ne parait trop lourd. Les Académies sont persuadées que les travailleurs du monde entier suivront avec une attention soutenue les étapes de la grande création socialiste dans notre pays, qu'ils réduiront à néant les tentatives des adversaires et démasqueront tous les mensonges et toutes les calomnies. Les classes ennemies n'oseront pas attenter à la paix que nous maintenons jalousement comme une condition nécessaire à notre édification.

Vive l'alliance du travail et de la science ! Vive le socialisme en marche dans notre pays ! Vive l'union des véritables amis du progrès socialiste dans le monde entier !

Appel du Parti Communiste

A tous les travailleurs !

Pie XI et le socialiste Rosenfeld, Tardieu et le travailliste Mac Donald, Mussolini et le social-fasciste Müller, Pilsudski et le socialiste de « gauche » Léon Blum, tous sont unis dans une haine commune contre l'Union soviétique.

Travailleurs !

Opposez à ce bloc antisoviétique votre front unique de classe !

Montez la garde autour du pays des Soviets menacé par les impérialistes et leurs valets socialistes !

Obligez-les, par la lutte, à mettre

BAS LES PATTES DEVANT L'U.R.S.S.

Préparez-vous à manifester partout, le 1ᵉʳ Mai, pour la défense de l'Union soviétique, patrie de tous les travailleurs !

BIBLIOTHÈQUE

NATIONALE

CHÂTEAU

de

SABLÉ

1989

www.ingramcontent.com/pod-product-compliance
Ingram Content Group UK Ltd.
Pitfield, Milton Keynes, MK11 3LW, UK
UKHW022333170726
13837UKWH00005BA/2253